$L \overset{27}{\underset{n}{}} 14508.$
A.

ÉLOGE

DE

MONTAIGNE,

DISCOURS

Qui a remporté le prix d'Éloquence, décerné par la Classe de la Langue et de la Littérature françaises de l'Institut, dans sa séance du 23 Mars 1812.

Par M. VILLEMAIN,

AGRÉGÉ-PROFESSEUR DE RHÉTORIQUE AU LYCÉE CHARLEMAGNE.

Quidquid agunt homines, nostri est farrago libelli.

JUVENAL.

A PARIS,

CHEZ FIRMIN DIDOT, IMPRIMEUR DE L'INSTITUT,

ET GRAVEUR DE L'IMPRIMERIE IMPÉRIALE,

RUE JACOB, N° 24.

1812.

ÉLOGE

DE

MONTAIGNE.

Dᴀɴs tous les siècles où l'esprit humain se perfectionne par la culture des arts, on voit naître des hommes supérieurs, qui reçoivent la lumière et la répandent, et vont plus loin que leurs contemporains, en suivant les mêmes traces. Quelque chose de plus rare, c'est un génie qui ne doive rien à son siècle, ou plutôt qui, malgré son siècle, par la seule force de sa pensée, se place, de lui-même, à côté des écrivains les plus parfaits, nés dans les temps les plus polis : tel est Montaigne. Penseur profond, sous le règne du pédantisme, auteur brillant et ingénieux dans une langue informe et grossière, il écrit avec le secours de sa raison et des anciens : son ouvrage reste, et fait seul toute la gloire littéraire d'une nation; et lorsque, après de longues années, sous les auspices de quelques génies sublimes, qui s'élancent à la fois, arrive enfin l'âge du bon goût et du talent, cet ouvrage, long-temps unique, demeure toujours original ; et la France, enrichie tout à coup de tant de brillantes merveilles, ne sent pas refroidir son admiration pour ces antiques et naïves beautés. Un siècle nouveau succède, aussi fameux que le précédent, plus éclairé peut-être, plus exercé à juger, plus difficile à satisfaire, parce qu'il peut comparer davantage : cette seconde épreuve n'est pas moins favorable à la gloire de Montaigne. On l'entend mieux, on l'imite plus hardiment ; il sert à rajeunir la littérature, qui commençait à s'épuiser ; il inspire nos plus illustres écrivains ; et ce philosophe du siècle de Charles IX semble fait pour instruire le dix-huitième siècle.

Quel est ce prodigieux mérite qui survit aux variations du langage, aux changemens des mœurs ? c'est le naturel et la vérité : voilà le charme qui ne peut vieillir. La grandeur des idées, l'artifice du style ne suffisent pas pour qu'un écrivain plaise toujours : et ce n'est pas seulement de siècle en siècle, et à de longs intervalles, que le goût change, et que les ouvrages éprouvent des fortunes diverses : dans la vie même de l'homme, il est un période où, détrompés de ce monde idéal que les passions formaient autour de nous, ne sachant plus excuser des illusions qui ne se retrouvent plus dans nos cœurs, perdant l'enthousiasme avec la jeunesse, et réduits à ne plus aimer que la raison, nous devenons moins sensibles aux plus éclatantes beautés de l'éloquence et de la poésie. Mais qui pourrait se lasser d'un livre *de bonne foy* (1) écrit par un homme de génie ? Ces épanchemens familiers de l'auteur, ces révélations inattendues sur de grands objets et sur des bagatelles, en donnant à ses écrits la forme d'une longue confidence, font disparaître la peine légère que l'on éprouve à lire un ouvrage de morale. On croit converser ; et comme la conversation est piquante et variée, que souvent nous y venons à notre tour, que celui qui nous instruit a soin de nous répéter, *ce n'est pas icy ma doctrine, c'est mon étude,* nous avoue ses faiblesses, pour nous convaincre des nôtres, et nous corrige sans nous humilier, jamais on ne se lasse de l'entretien.

---

(1) Expression de Montaigne.

PREMIERE PARTIE.

L'homme, dès qu'il sut réfléchir, s'étonna de lui-même, et sentit le besoin de se connaître. Les premiers sages furent ceux qui s'occupèrent de cette importante étude. Ils voulurent d'abord pénétrer trop avant; de-là tous les rêves de l'antiquité, quand elle espéra lever le voile mystérieux qui cache l'origine et les destinées de l'homme. Ses efforts furent plus heureux dans des recherches moins ambitieuses. Socrate, dit-on, ramena le premier la philosophie sur la terre. Il en fit une science usuelle qui s'appliquait à nos besoins et à nos faiblesses; science d'observation et de raisonnement qui nous prenait tels que nous sommes, pour nous rendre tels que nous devons être, et nous étudiait pour nous corriger. Considérée sous ce point de vue, la morale ne peut se trouver que chez les peuples civilisés; elle suppose des esprits développés par l'exercice de la réflexion, et des caractères mis en jeu par les rapports de la vie sociale. Aussi la voyons-nous passer de la Grèce dans Rome, lorsque Rome victorieuse fut devenue savante et polie. Mais, depuis la chûte de l'Empire Romain, cette science, il faut l'avouer, resta long-temps ignorée des peuples de l'Europe. Le pédantisme et la superstition ne sont guères favorables à l'étude réfléchie que l'esprit humain fait sur lui-même ; et la scholastique est bien loin de la morale.

En Italie même, où le génie des arts fut si précoce, la saine raison tarda long-temps à paraître ; et pour la trouver en France, il faudrait aller jusqu'aux belles années de Louis-le-Grand, si Montaigne n'avait paru dès le seizième siècle.

Né d'un père qui chérissait la science, sans la juger ni la connaître, et voulait donner à son fils un bien dont il était privé lui-même, il eut, dès le berceau, un précepteur à côté de sa nourrice, et apprit, pour ainsi dire, à bégayer dans la langue latine. Cette première facilité détermina son goût pour la lecture, et le jeta naturellement dans l'étude de l'antiquité, qui présentait à son esprit, avide de connaître, des plaisirs toujours nouveaux, sans le fatiguer par les efforts qu'exige l'intelligence d'un idiôme étranger.

Poètes, orateurs, historiens, philosophes, il dévore tout avec une égale ardeur. Il va de

Rome dans la Grèce, qu'il ne connut jamais aussi bien, parce qu'il ne la connut pas dès l'enfance ; mais il trouve dans Amyot un interprète agréable, un guide auquel il aime à se confier. Bientôt il sent que pour connaître les hommes, il ne suffit pas de les étudier dans l'histoire : il voyage ; et, quoique les peuples modernes fussent encore bien peu avancés, il ne les compare point, sans utilité ni sans intérêt, avec ces Grecs et ces Romains qui leur étaient si supérieurs, et qui lui étaient si familiers. Une imagination vive et curieuse lui fait parcourir mille objets ; une disposition particulière de son esprit lui fait observer tout ce qui se rapporte à l'homme, ses lois, ses mœurs, ses coutumes, et l'intéresse non seulement à l'histoire générale, mais, pour ainsi dire, aux anecdotes de l'espèce humaine. Enfin, parvenu à l'âge mûr, il s'amuse à se rappeler tout ce qu'il a vu, senti, pensé, découvert en soi-même ou dans les autres. Il jette ses idées dans l'ordre, ou plutôt dans le désordre où elles se présentent, tantôt s'élevant aux plus sublimes spéculations de l'ancienne philosophie, tantôt descendant aux plus simples détails de la vie commune, parlant de tout, se mêlant toujours lui-même à ses discours, et faisant de cette espèce d'égoisme, si insupportable dans les livres ordinaires, le plus grand charme du sien.

L'ouvrage de Montaigne est un vaste répertoire de souvenirs, et de réflexions nées de ces souvenirs. Son inépuisable mémoire met à sa disposition tout ce que les hommes ont pensé. Son jugement, son goût, son instinct, son caprice même lui fournissent à tout moment des pensées nouvelles. Sur chaque sujet, il commence par dire tout ce qu'il sait, et, ce qui vaut mieux, il finit par dire ce qu'il croit. Cet homme qui, dans la discussion, cite toutes les autorités, écoute tous les partis, accueille toutes les opinions, lorsqu'enfin il vient à décider, ne consulte plus que lui seul, et donne son avis, non *comme bon, mais comme sien*. Une telle marche est longue, mais elle est agréable, elle est instructive; elle apprend à douter ; et ce commencement de la sagesse, en est quelquefois le dernier terme. Peut-être aussi, cette manière de composer convenait mieux au caractère de Montaigne, ennemi d'un long travail et d'une application soutenue. Il parle beaucoup de morale, de politique, de littérature; il agite, à la fois, mille questions; mais il ne propose jamais un système. Sa réserve tient à sa paresse autant qu'à son jugement. Il lui en coûterait de poser des prin-

cipes, de tirer des conséquences, et d'établir,
à force de raisonnemens, la vérité, ou ce que l'on
prend pour elle. Cette entreprise lui paraîtrait
trop laborieuse; et la justesse de son esprit
l'avertit que souvent elle ne serait pas moins
inutile que téméraire. Il aime mieux se bor-
ner à ce qu'il voit au moment où il parle,
et semble vouloir n'affirmer qu'une chose à
la fois. Ce n'est pas le moyen de faire secte;
aussi, jamais philosophe n'en fut plus éloigné
que Montaigne. Il dit trop naïvement et le
pour et le contre. Au moment où vous croyez
tenir sa pensée, vous êtes déconcerté par un
changement soudain, qu'au reste il ne pré-
voyait pas lui-même plus que vous. Une pareille incertitude, qui prouve plus de franchise que de faiblesse, n'aurait pas dû, ce
semble, exciter la sévère indignation de Pascal. Cet inexorable moraliste, si grand par
son génie encore au-dessus de ses ouvrages,
ne craint pas d'affirmer que Montaigne *met*
toutes choses dans un doute si universel et si
général, que l'homme, doutant même s'il
doute, son incertitude roule sur elle-même
dans un cercle perpétuel et sans repos.

Pascal n'abuse-t-il pas ici de la puissance de
son imagination, pour imposer à notre faiblesse par l'énergie de la parole? Quel est ce

fantôme d'incrédulité qu'il prend plaisir à élever lui-même, pour l'écraser aisément sous le
poids de son invincible éloquence ? Où peut-il
donc trouver dans les aveux d'un philosophe
si ingénieux et si modeste, cet incorrigible
pyrrhonien, poursuivi par le doute jusque
dans son doute même, et changeant de folie,
sans pouvoir en guérir ? Montaigne n'a jamais
douté ni de Dieu ni de la vertu. L'apologie de
Raymond de Sébonde renferme la plus élo-
quente profession de foi sur l'existence de la
divinité ; et les orateurs sacrés n'ont jamais
peint avec plus de force les tourments du vice,
et la joie de la bonne conscience. Du reste,
Montaigne trouve dans la nature de l'homme
de terribles difficultés, et d'inconcevables mys-
tères ; il regarde en pitié les erreurs de notre
raison, la faiblesse et l'incertitude de notre
entendement, il affecte un moment de nous
ravaler jusqu'aux bêtes ; et Pascal l'approuve
alors. Ce sublime contempteur des misères de
l'homme, triomphe de voir (1) *la superbe rai-*
son froissée par ses propres armes. Il aimerait,
dit-il, *de tout son cœur le ministre d'une si*
grande vengeance. Pourquoi donc, ô Pascal,

---

(1) Pensées de Pascal, ch. XI.

défendiez-vous tout-à-l'heure à un sage de se défier de cette raison que vous-même reconnaissez si faible et si trompeuse ? Voulez-vous maintenant le conduire par l'impuissance de penser à la nécessité de croire, et vous semble-t-il qu'il soit besoin de lui arracher le flambeau de la raison pour le précipiter dans la foi ?

La métaphysique de Montaigne se réduit donc à un petit nombre de vérités essentielles, qui demandent peu d'efforts pour êtres saisies. Sur tout le reste il est dans l'ignorance, et il ne s'en fâche pas. Peut-être seulement a-t-il le tort de rapporter avec trop de complaisance les opinions de ceux qui n'ont pas craint d'expliquer tant de choses qu'ils n'entendaient pas mieux que lui. Mais son incertitude, son *incuriosité* (1) se fait-elle sentir dans les principes de sa morale ? A-t-il les mêmes doutes lorsqu'il s'agit de nos devoirs ? Comme il siérait mal d'employer l'art des rhéteurs avec un écrivain qui s'en est tant moqué, nous avouerons que si l'on peut disculper sa philosophie d'un pyrrhonisme absolu, sa morale tient beaucoup de l'école d'Épicure. Sans doute il voulait qu'elle fût plus d'usage. Cette philosophie

_____

(1) Expression de Montaigne.

sublime, qui veut changer l'homme au lieu de
le régler, en lui présentant pour modèle la
perfection désespérante d'une vertu idéale, le
dispense trop souvent de la réaliser : la leçon
ne paraît pas faite pour nous ; l'exemple est
pris dans une autre nature; on peut l'admirer,
mais chacun trouve en soi le droit de ne pas
l'imiter. Si vous voulez qu'on tâche d'atteindre
au but, ne le mettez pas hors de la portée
commune. Le sage, pour faire monter la foule
jusqu'à lui, doit se pencher vers elle. C'est le
mouvement naturel de Montaigne. Il vient à
nous le premier, en nous montrant les im-
perfections de son esprit, ses erreurs, ses
torts, ses petitesses ; mais jamais il n'a rien
de bas ni de criminel à nous révéler; et ce
bonheur, ou cette discrétion me paraît plus
utile pour le lecteur que la franchise trop
peu mesurée de Rousseau. J'apprends dans les
aveux du premier quelles peuvent être les
fautes d'un honnête homme; et si j'apprends
à les excuser, en revanche, je m'habitue à ne
pas en concevoir d'autres: mais je craindrais,
en lisant Rousseau, d'arrêter trop long-temps
mes regards sur de coupables faiblesses qu'il
faut toujours tenir loin de soi, et dont la peinture trop fidèle est plus dangereuse pour le
cœur, qu'elle n'est instructive pour la raison.

Montaigne, je l'avoue, ne connaît pas l'art d'anéantir les passions ; il réclamerait volontiers, avec La Fontaine, contre cette philosophie rigide qui *fait cesser de vivre avant que l'on soit mort.* Il aime à vivre, c'est-à-dire, à goûter les plaisirs que permet la nature bien ordonnée. Pour moi, dit-il, *j'aime la vie et la cultive, telle qu'il a plu à Dieu nous l'octroyer.* Il croit que c'est le parti de la sagesse, et qu'on serait coupable autant que malheureux de se refuser l'usage des biens que nous avons reçus en partage. *On fait tort à ce grand et tout-puissant donneur de refuser son don, l'annuller et desfigurer. Tout bon, il a fait tout bon.* Ces maximes peuvent être rejetées par quelques esprits austères, qui ne conçoivent pas de vertu sans combat, et jugent du mérite par l'effort. Elles pourraient être dangereuses pour quelques ames ardentes et passionnées, que leurs desirs emporteraient trop loin, et qui doivent être retenues, parce qu'elles ne savent pas s'arrêter. Mais Montaigne s'adresse à ceux qui, comme lui, éprouvent plutôt les faiblesses que les fureurs des passions ; et c'est le grand nombre. Il est le conseiller qui leur convient. Il ne les effraie pas sur leurs fautes qui lui paraissent une conséquence de leur nature. Il ne s'indigne pas de cette alternative de bien et de mal, qu'il regarde comme une faiblesse dont il trouve l'explication en lui-même. Il ne désespère personne, il n'est mécontent ni de lui, ni des autres. Ses principes ne sont jamais sévères : s'ils pouvaient l'être, ses exemples seraient là pour nous défendre et nous rassurer. Il ne cherche donc pas à nous faire peur du vice ; peut-être ne croit-il pas en avoir le droit ; mais il s'efforce de nous séduire à la vertu, qu'il appelle *qualité plaisante et gaye*. Pour dernier terme, il nous propose le plaisir, et c'est au bien qu'il nous conduit.

La morale de Montaigne n'est pas sans doute assez parfaite pour des Chrétiens : il serait à souhaiter qu'elle servît de guide à tous ceux qui n'ont pas le bonheur de l'être. Elle formera toujours un bon citoyen et un honnête homme. Elle n'est pas fondée sur l'abnégation de soi-même, mais elle a pour premier principe la bienveillance envers les autres, sans distinction de pays, de mœurs, de croyance religieuse. Elle nous instruit à chérir le gouvernement sous lequel nous vivons, à respecter les lois auxquelles nous sommes soumis, sans mépriser le gouvernement et les lois des autres nations, nous avertissant de ne pas croire que nous ayons seuls le dépôt de la justice et de la vérité. Elle n'est pas héroïque, mais elle n'a rien de faible : souvent même elle agrandit, elle transporte notre ame par la peinture des fortes vertus de l'antiquité, par le mépris des choses mortelles, et l'enthousiasme des grandes vérités. Mais bientôt elle nous ramène à la simplicité de la vie commune, nous y fixe par un nouvel attrait, et semble ne nous avoir élevés si haut dans ses théories sublimes, que pour nous réduire avec plus d'avantage à la facile pratique des devoirs habituels et des vertus ordinaires.

Ces divers principes de conduite ne sont jamais, chez Montaigne, énoncés en leçons : il a trop de haine pour le ton doctoral ; mais c'est le résumé des confidences qu'il laisse échapper en mille endroits. Il nous dit ce qu'il fait, ce qu'il voudrait faire. Il nous peint ce qu'il appelle sa vertu, confessant que c'est bien peu de chose, et que tout l'honneur en appartient à la nature plutôt qu'à lui. On a trouvé de l'orgueil dans cette méthode d'un homme qui rappelle tout à soi, et se fait centre de tout : elle n'est que raisonnable, et porte sur une vérité : tous les hommes se ressemblent au fond. Malgré les différences que met entre eux l'inégalité des talens, des caractères et des conditions, il est, si je puis

parler ainsi, un air de famille commun à tous.
A mesure qu'on a plus d'esprit, on trouve,
dit Pascal, qu'il y a plus d'hommes originaux.
N'est-il pas également vrai de dire qu'avec
plus d'esprit encore, on découvrirait l'homme
original, dont tous les hommes ne sont que
des nuances et des variétés qui le reproduisent
avec diverses altérations, mais ne le déna-
turent jamais? Voilà ce que Montaigne a voulu
trouver, et ce qu'il ne pouvait chercher qu'en
lui-même. C'est ainsi qu'il nous jugeait en s'ap-
préciant, et qu'il faisait notre histoire, en
nous racontant la sienne. Mais en même temps
qu'il étudie dans lui-même le caractère de
l'homme, il étudie dans tous les hommes les
modifications sans nombre dont ce caractère
est susceptible. De là tant de récits sur tous
les peuples du monde, sur leurs religions,
leurs lois, leurs usages, leurs préjugés; de là
cette immense collection d'anecdotes antiques
et modernes sur tous sujets et en tous genres;
entreprises hardies, sages conseils, exemples
de vices ou de vertus, fautes, erreurs, faiblesses, pensées ou paroles remarquables. De
là cette foule sans nombre de figures diffé-
rentes qui passent tour à tour devant nos
yeux, depuis les philosophes d'Athènes jusqu'aux sauvages du Canada. Placé au milieu

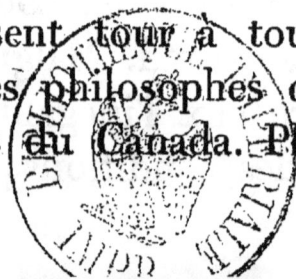

V. 2

de ce tableau mouvant, Montaigne voit et entend tous les personnages, les confrontant avec lui-même, et se persuadant de plus en plus que la coutume décide presque de tout; qu'il n'y a du reste qu'un petit nombre de choses assurées qu'il faut croire, quelques choses probables qu'il faut discuter, beaucoup de choses convenues qu'il faut respecter pour le bien général.

Mais si le scepticisme de Montaigne, plus modéré que celui de tant d'autres philosophes, ne touche jamais aux principes conservateurs de l'ordre social, sa raison en a d'autant plus de force pour attaquer les préjugés ridicules ou funestes, dont ses contemporains étaient infatués; et d'abord n'oublions pas que le siècle de Montaigne était encore le temps de l'astrologie, des sorciers, des faux miracles, et de ces guerres de religion, les plus cruelles de toutes; n'oublions pas que les hommes les plus respectables partageaient les erreurs et la crédulité du vulgaire; et qu'enfin, écrivant plusieurs années après l'auteur des *Essais*, le judicieux de Thou rapportait, et croyait peut-être, toutes les absurdités merveilleuses qui font rire de pitié dans un siècle éclairé. Combien aimerons-nous alors que Montaigne sache trouver la cause de tant d'erreurs dans notre curiosité et dans notre vanité ! S'agit-il d'un fait incroyable ? Nous disons : (1) *comment est-ce que cela se fait ?* Et nous découvrons une raison ; mais *se fait-il ?* eût été mieux dit. Une fois persuadés, nous croyons que (2) *c'est ouvrage de charité de persuader les autres, et, pour ce faire, chacun ne craint pas d'ajouter de son invention autant qu'il en voit être nécessaire à son conte, pour suppléer à la résistance et au défaut qu'il pense être en la conception d'autruy.* Et c'est ainsi que les sottises s'accréditent et se perpétuent. Il est des sottises qui ne sont que ridicules, il en est d'affreuses. Montaigne se moque des unes, et combat les autres avec les armes de la raison et de l'humanité. Il plaint ces malheureuses victimes de la superstition de leurs juges et de la leur, qui s'attribuaient un pouvoir sacrilége sur toute la nature, et ne pouvaient échapper aux flammes du bûcher.

On a beaucoup parlé des paradoxes de Montaigne. Quelques-uns sur-tout ont reçu de la plume d'un écrivain éloquent une célébrité nouvelle, qui nous oblige d'en rendre à leur

---

(1) Montaigne.

(2) *Ibid.*

véritable auteur ou la gloire ou le blâme.
Personne n'ignore que, dans la fameuse ques-
tion proposée par l'Académie de Dijon, le philosophe genevois, en se déclarant avec une
sorte d'animosité le détracteur des sciences et
des arts, en affectant de les accuser en son
nom, ne fait cependant que répéter les repro-
ches que l'auteur des *Essais* avait allégués deux
siècles avant lui. J'ajouterai qu'en les répétant, il les exagère, et que, voulant faire un
système de ce qui n'est chez son modèle qu'une
opinion légèrement hasardée, comme tant
d'autres, il s'éloigne beaucoup plus de la vérité, et tombe dans une plus choquante erreur.
Il est permis d'être sévère avec Rousseau, la
plus rigoureuse censure n'atteindra jamais
jusqu'à sa gloire; ses admirateurs même peuvent lui reprocher en général d'outrer les
idées qu'il emprunte. Si Montaigne nous dit
avec autant de vérité que de bonhommie :
Nous avons abandonné nature, et lui voulons
apprendre sa leçon, elle qui nous menait si
heureusement et si sûrement ; Rousseau ne
craint pas de nous redire : *Tout est bien sor-*
tant des mains de l'auteur des choses, tout
dégénère entre les mains de l'homme. C'est
ainsi que l'Emile peut souvent paraître une
exagération des idées de Montaigne, sur l'édu-

cation de l'enfance, et l'art de former les hommes.

Ce n'est pas que, sur plusieurs points de cet intéressant sujet, Rousseau ne mérite notre reconnaissance, pour avoir renouvelé, avec toutes les séductions de son talent, des vérités utiles et trop négligées. La nécessité de diriger avec soin les premières années de l'enfance, de prendre ses inclinations dès le berceau, et de les conduire, ou plutôt de les laisser aller au bien, sans gêne et sans effort, la grande importance de l'éducation physique, les exercices du corps tournant au profit de l'ame, l'art de former la raison, en l'accoutumant à se faire des idées plutôt que d'en recevoir, l'inutilité des études qui n'occupent que la mémoire, le secret de faire trouver les choses au lieu de les montrer : tant d'autres idées qui n'en sont pas moins vraies pour être peu suivies, ont heureusement passé des écrits de Montaigne dans l'ouvrage de Rousseau.

Montaigne haïssait le pédantisme, mais il aimait la science. Quoiqu'il en ait médit quelquefois, il convient que *c'est un grand ornement et un outil de merveilleux service.* Cependant ce qu'il exige avant tout dans un gouverneur, c'est le jugement. *Je veux,* dit-il, *qu'il ait plutôt la tête bien faite que bien pleine.* Quand le gouverneur aura formé le jugement de son élève, il peut lui permettre l'étude de toutes les sciences. *Notre ame s'é-largit, d'autant plus qu'elle se remplit.* Ce langage n'est pas celui d'un ennemi des lettres. Et comment Montaigne aurait-il pu se défendre de les aimer! Elles firent l'occupation et le charme de sa vie; elles élevèrent sa raison au-dessus de celle de ses contemporains, qui les étudiaient aussi, mais qui ne savaient pas s'en-servir. Elles firent de lui un sage, et, ce qu'il estimait peut-être bien plus, un homme heureux.

Telle est l'idée que je me forme de Montaigne, considéré comme philosophe et comme moraliste; jamais d'exagération, jamais de systême orgueilleusement chimérique, quelquefois des idées incertaines, parce qu'il y a beaucoup d'incertitude dans l'esprit humain; toujours une candeur et une bonne-foi qui feraient pardonner l'erreur même.

Quand je me représente ces divers caractères, trop faiblement crayonnés dans un éloge imparfait, et que j'essaie d'embrasser d'une seule vue un talent si varié, et de faire sentir par un dernier trait un mérite si difficile à définir, je suis frappé de plusieurs ressemblances sensibles que j'aperçois entre Mon-

taigne et l'un de nos plus célèbres écrivains, le
seul que l'on ne puisse comparer à personne.
Je ne sais si je m'abuse : je crains qu'un paral-
lèle ne semble toujours un lieu commun, et
qu'un rapprochement de Voltaire et de Montaigne ne soit au moins un paradoxe. Mais en
écartant les plus brillantes productions de Voltaire, en me bornant à une seule partie de sa
gloire, ses mélanges de métaphysique et de
morale, ne puis-je en effet établir plusieurs
rapports remarquables entre deux hommes si
différents ? Des deux côtés, je vois une vaste
lecture, une immense variété de souvenirs, et
cette même mobilité d'imagination qui passe
rapidement sur chaque objet, dans l'impa-
tience de les parcourir tous à-la-fois. Des deux
côtés, je suis étonné de tout le chemin que
je fais en quelques instans, et du grand
nombre d'idées que je trouve en quelques
pages. Tous deux se montrent doués d'une
raison supérieure. Montaigne, aussi vif, et cependant plus verbeux, plus diffus ; c'est le
tort de son siècle : Voltaire, quelquefois moins
profond, a toujours plus de justesse et de net-
teté ; c'est le mérite du sien. Tous deux ont
connu les faiblesses et les inconséquences du
cœur humain ; tous deux en rient. Le rire de
Voltaire est plus amer, et ses railleries plus

cruelles. Tous deux respirent l'amour de l'humanité. Celui de Voltaire est plus ardent, plus courageux, plus infatigable. On connaît assez la haine de l'un et de l'autre pour le charlatanisme et l'hypocrisie. Montaigne a mieux su s'arrêter. Voltaire paraît quelquefois confondre les objets les plus saints de la vénération publique, avec de vaines superstitions, que l'on doit détruire par le ridicule. Tous deux ont pensé hardiment, et ont exprimé franchement leurs pensées. La franchise de Voltaire est plus maligne; et celle de Montaigne plus naïve; mais tous deux ont oublié trop souvent la décence dans les idées et même dans l'expression; et nous devons leur en faire un reproche : car le plus grand tort du génie, c'est de faire rougir la pudeur, et d'offenser la vertu.

SECONDE PARTIE.

Si Montaigne n'avait que le mérite assez rare de dire souvent la vérité, il aurait, on peut le croire, comme Charron son imitateur, obtenu plus d'estime que de succès, et plus d'éloges que de lecteurs. Ceux mêmes qui préfèrent la raison à tout veulent encore qu'elle soit assez ornée pour être agréable; et l'on ne cherche pas l'instruction dans un livre où l'on craint de trouver l'ennui. Montaigne plaît, amuse, intéresse par la naïveté, l'énergie, la richesse de son style et les vives images dont il colore sa pensée. Ce charme se fait sentir aux hommes qui n'ont jamais réfléchi sur les secrets de l'art d'écrire; mais il mérite d'être particulièrement analysé par tous ceux qui font leur étude de cet art si difficile, même pour le génie.

Je sais que l'on pourrait attribuer une partie du plaisir que donne le style de Montaigne à l'ancienneté de son langage. L'élégant Fénélon lui-même regrettait quelquefois l'idiôme de nos pères. Il y trouvait je ne sais quoi de

court, de *naïf*, de *hardi*, de *vif* et de *pas-
sionné*. On doit avouer en effet que les privi-
léges, ou plutôt les licences du vieux français,
le retranchement des articles, l'usage des in-
versions, la hardiesse habituelle des tours, le
grand nombre d'expressions proverbiales que
les livres empruntaient à la conversation, l'a-
bondance des termes et la facilité de les employer tous sans blesser la bienséance, tant
d'autres libertés que nous avons remplacées
par des entraves, favorisaient l'écrivain, et
donnaient au style un air d'aisance et d'en-
jouement qui charme dans les sujets badins,
et pourrait offrir un piquant contraste dans
les sujets sérieux. Cependant la langue fran-
çaise n'avait encore réussi que dans les *joyeu-
setés folâtres*. Ronsard égarait son talent par
une imitation mal-adroite des langues ancien-
nes ; et Amyot n'avait pu rendre que par une
heureuse naïveté la précision énergique et l'élé-
gance audacieuse de Plutarque. Il nous est
donc permis de dire avec Voltaire, *ce n'est
pas le langage de Montaigne, c'est son imagination qu'il faut regretter*. Je ne dissimulerai
pas cependant que ces expressions d'un autre
siècle, ces formes antiques et, pour ainsi
dire, ce premier débrouillement d'une langue,
aujourd'hui perfectionnée peut-être jusqu'au

point d'être affaiblie, présentent un intérêt de curiosité qui peut inviter à la lecture. Mais l'emploi si naturel, les alliances si hardies, les effets si pittoresques de ces termes surannés; ces coupes savantes, ces mots pleins d'idées, ces phrases où, par la force du sens, l'auteur a trouvé l'expression qui ne peut vieillir, et deviné la langue de nos jours, voilà ce que l'on admire dans Montaigne, voilà ce qu'il n'a pas reçu de son idiôme encore rude et grossier, mais ce qu'il lui a donné par son génie.

L'imagination est la qualité dominante du style de Montaigne. Cet homme n'a point de supérieur dans l'art de peindre par la parole. Ce qu'il pense, il le voit; et par la vivacité de ses expressions, il le fait briller à tous les yeux. Telle était la prompte sensibilité de ses organes et l'activité de son ame. Il rendait les impressions aussi fortement qu'il les recevait.

Le philosophe Mallebranche, tout ennemi qu'il était de l'imagination, admire celle de Montaigne, et l'admire trop peut-être; il veut qu'elle fasse seule le mérite des *Essais*, et qu'elle y domine au préjudice de la raison. Nous n'accepterons pas un pareil éloge. Montaigne se sert de l'imagination pour produire au-dehors ses sentimens tels qu'ils sont empreints dans son ame. Sa chaleur vient de sa

conviction; et ses paroles animées sont nécessaires pour conserver toute sa pensée, et pour
exprimer tous les mouvemens de son esprit.
Quand je vois *ces braves formes de s'expliquer si visves et si profondes, je ne dis pas que
c'est bien dire, je dis que c'est bien penser* (1).

Il est vrai que lorsqu'il s'agit simplement
de décrire et de montrer les objets, l'imagination n'a pas besoin du raisonnement; mais
elle est toujours dans la dépendance du goût
qui lui défend d'outrer la nature, et souvent
ne lui permet pas de la peindre tout entière.
Dirons-nous que, dans cette partie de l'art
d'écrire, l'auteur des *Essais* soit toujours irré-
prochable ? Non, sans doute; et l'on peut,
dans quelques traits échappés à son pinceau
trop libre et trop hardi, découvrir quelquefois
la marque d'un siècle grossier, dont la barba-
rie perce jusque dans la sagesse du grand
homme qui devait le réformer. Mais que de
beautés inimitables couvrent et font disparaître ce petit nombre de fautes! Quelle abondance d'images, quelle vivacité de couleurs,
quel cachet d'originalité! Combien l'expression
est toujours à lui, lors même qu'il emprunte

---

(1) Montaigne.

l'idée! *Les abeilles pillotent de çà et de là les fleurs, mais elles en font après le miel qui est tout leur, ce n'est plus thym ni marjolaine.* Voilà tout Montaigne. C'est ainsi que les pensées et les images des auteurs anciens, fondues sans cesse dans ses écrits, sans perdre rien de leur force et de leur élévation, y prennent un caractère qui n'appartient qu'à sa plume.

Montaigne, si je puis m'exprimer ainsi, décrit la pensée comme il décrit les objets, par des détails animés qui la rendent sensible aux yeux. Son style est une allégorie toujours vraie, où toutes les abstractions de l'esprit revêtent une forme matérielle, prennent un corps, un visage, et se laissent, en quelque sorte, toucher et manier. S'il veut nous donner une idée de la vertu, il la placera dans *une plaine fertile et fleurissante, où, qui en sait l'adresse, peut arriver par des routes gazonnées, ombrageuses et doux fleurantes.* Il prolongera cette peinture avec la plus étonnante facilité d'expression, et quand il l'aura terminée, pour en augmenter l'effet par le contraste, il nous montrera dans le lointain la chimérique vertu des philosophes *sur un rocher à l'écart, parmi des ronces, fantosme à effrayer les gens.*

Je céderais au plaisir facile de citer beaucoup un écrivain qu'on aimera toujours mieux entendre que son panégyriste; mais à quels traits dois-je m'arrêter de préférence, dans un ouvrage où tous les chapitres présentent des beautés diversement originales? C'est la manière de Montaigne qu'il faudrait citer. Je choisis une phrase énergique, ou spirituelle, ou gracieuse. Je lis encore, et je rencontre bientôt une nouvelle surprise non moins piquante que la première. Rien n'est semblable, et l'impression est la même. En effet, l'auteur des *Essais*, dans un travail libre et sans suite, n'écrivant que lorsqu'il se sent animé par sa pensée, son expression ne peut jamais faiblir; et dès qu'il conçoit une idée, son style se prête à toutes les métamorphoses, pour la rendre plus heureusement. Ainsi, toujours renvoyé d'une page à l'autre, incertain où fixer mon admiration, chaque fois que j'ouvre le livre je découvre quelque chose de plus dans l'auteur, et je désespère de pouvoir jamais saisir ni peindre un écrivain qui, non moins varié que fécond, se renouvelle même en se répétant, et ne peut ajouter un trait à ses écrits, sans ajouter une nuance à son talent. Cependant ces différences sans nombre peuvent être ramenées à un principe, l'imitation des grands écrivains de l'ancienne Rome, et

je ne crains pas d'assurer que l'on retrouverait
dans le génie commun de leur langue et dans
l'usage divers qu'ils en ont fait, tous les secrets
de l'idiôme de Montaigne. On sait avec quelle
constance il avait étudié ces grands génies,
combien il avait vécu dans leur commerce et
dans leur intimité. Doit-on s'étonner que son
ouvrage porte, pour ainsi dire, leur marque,
et paraisse, du moins pour le style, écrit sous
leur dictée? Souvent il change, modifie, corrige leurs idées. Son esprit, impatient du
joug, avait besoin de penser par lui-même;
mais il conserve les richesses de leur langage
et les graces de leur diction. L'heureux instinct qui le guidait lui faisait sentir que pour
donner à ses écrits le caractère de durée qui
manquait à sa langue, trop imparfaite pour
être déja fixée, il fallait y transporter, y na-
turaliser en quelque sorte les beautés d'une
autre langue, qui, par sa perfection, fût assurée d'être immortelle; ou plutôt l'habitude
d'étudier les chefs-d'œuvre de la langue latine
le conduisait à les imiter. Il en prenait à son
insu toutes les formes, et se faisait Romain
sans le vouloir. Quelquefois, réglant sa marche
irrégulière, il semble imiter Cicéron même. Sa
phrase se développe lentement, et se remplit
de mots choisis qui se fortifient et se sou-

tiennent l'un l'autre dans un enchaînement harmonieux. Plus souvent, comme Tacite, il *enfonce* (1) profondément la *signification* des mots, met une idée neuve sous un terme familier, et, dans une diction fortement travaillée, laisse quelque chose d'inculte et de sauvage; il a le trait énergique, les sons heurtés, les tournures vives et hasardées de Salluste, l'expression rapide et profonde, la force et l'éclat de Pline l'ancien. Souvent aussi, donnant à sa prose toutes les richesses de la poésie, il s'épanche, il s'abandonne avec l'inépuisable facilité d'Ovide, ou respire la verve et l'âpreté de Lucrèce. Voilà les diverses couleurs qu'il emprunte de toutes parts, pour tracer des tableaux qui ne sont qu'à lui.

Souvent on se forme une idée générale sur la manière d'un écrivain, d'après une qualité particulière qui se fait remarquer dans son style. On cite toujours le naturel et la bonhommie de Montaigne; et sans doute, l'auteur des *Essais* se montrait bonhomme lorsqu'il parlait de lui, et qu'il nous disait quel vin il aimait le mieux. Il se servait d'un *parler* simple et naïf, *tel sur le papier qu'à la bou-*

---

(1) Expression de Montaigne.

che (1); mais il ne se servait pas moins naturellement du langage le plus fort, le plus
précis, et quelquefois même le plus magni-
fique, lorsqu'il était emporté par le souvenir
d'un grand sentiment, d'une action noble et
généreuse. N'est-ce pas dans Montaigne que
je trouve la peinture de l'homme de cœur qui
*tombe obstiné en son courage ; qui, pour
quelque danger de la mort voisine, ne relasche
aucun point de son asseurance; qui regarde
encore, en rendant l'ame, son ennemi d'une
vue ferme et dédaigneuse ; est battu, non pas
de nous, mais de la fortune, est tué sans étre
vaincu.*

Et cette phrase, aurait-elle paru faible à
Démosthènes ? *Il y a des pertes triomphantes
à l'envi des Victoires, et ces quatres Victoires
sœurs, de Salamine, de Platée, de Mycale, de
Sicile, n'osèrent opposer toute leur gloire en-
semble à la gloire de la déconfiture du roi
Léonidas et des siens au pas des Thermopyles.*

Quelquefois chez Montaigne cette grandeur
est portée trop loin, et se rapproche un peu
de la grandeur souvent outrée de Sénèque et
de Lucain. Il aimait ces deux auteurs. Il ne

---

(1) Expression de Montaigne.

haïssait pas les images hardies jusqu'à l'exagération, les expressions éblouissantes, les
coups de pinceau plus énergiques que régu-
liers. On doit le pardonner à l'extrême vivacité
de son imagination. Malgré ce penchant naturel dans ses jugemens littéraires, il donne
toujours la préférence aux auteurs de l'antiquité qui ont réuni la pureté du goût à l'éclat
du talent : Virgile est pour lui le premier des
poètes ; et si la philosophie de Cicéron lui
paraît trop chargée de *longueries d'apprêts*,
il trouve son éloquence incomparable. Quand
il emprunte quelque idée brillante à Lucain
ou à Sénèque, jamais il ne l'affaiblit, mais
il sait presque toujours la rendre plus natu-
relle. Le bon sens tempérait en lui l'imagination, et retenait sa pensée dans de justes bornes,
lors même que ses paroles trop vives et trop
impétueuses s'élançaient avec une sorte d'irré-
gularité.

Ce bon sens qui dirige tous ses raisonnemens, qui se fait remarquer au milieu de ses
saillies, et ne l'abandonne pas même dans ses
caprices et dans ses écarts, devait lui pré-
senter en foule ces pensées heureuses et pré-
cises, que l'on aime à retenir parce qu'elles
trouvent sans cesse leur application, et que
l'on peut appeler les proverbes des sages. Dans

ce genre, j'oserai dire qu'il a donné les plus heureux modèles d'un style dont La Roche-foucauld passe ordinairement pour le premier inventeur. Nulle part vous ne trouverez un plus grand nombre de sentences d'une brié-veté énergique, où les mots suffisent à peine à l'idée qui se montre d'elle-même. Je n'es-sayerai pas de multiplier les citations. On y verrait avec étonnement cette diction si riche en termes pittoresques, si chargée de circon-locutions ingénieuses, d'expressions redou-blées, d'épithètes accumulées, si féconde en développemens oratoires et poétiques, se res-serrer tout-à-coup dans les bornes du plus rigoureux laconisme, et ne plus employer les paroles que pour le besoin de l'intelligence. Cet art d'être court, sans ôter rien à la jus-tesse et à la clarté, semble une des perfections du langage humain : c'est au moins un des avantages que les langues obtiennent avec le plus de peine et le plus tard, après avoir été long-temps travaillées en tous sens par d'ha-biles écrivains.

Il est encore un autre mérite qui semblerait au premier coup-d'œil tenir à l'écrivain beau-coup plus qu'à l'idiôme, et cependant ne se montre guères que dans les langues épurées et polies, dont il devient en quelque sorte le

3.

dernier raffinement; c'est l'esprit. Quel sens faut-il attacher à ce mot, ou plutôt en combien de sens divers est-il permis de l'entendre ? Qu'est-ce que l'esprit ? Voltaire lui-même, après en avoir prodigué les exemples, désespère de le définir et d'en indiquer toutes les sources. Toutefois, il est permis d'avancer que l'esprit, quel qu'il soit, se réduisant presque toujours à une manière de parler délicate, fine, détournée, se produit avec plus d'avantage à mesure que les ressources d'une langue sont plus variées et mieux connues. Au commencement du siècle de Louis XIV, quelques hommes écrivaient avec génie; le reste ne couvrait le manque de génie par aucun agrément; et la sentence de Boileau se trouvait de la plus rigoureuse exactitude :

Il n'est pas de degré du médiocre au pire.

Dans le siècle suivant, la littérature se rendit plus accessible : il fut permis d'être médiocre sans être méprisable, et la faiblesse ornée avec art put mériter quelque estime. Ceux qui ne pouvaient atteindre aux grandes beautés composèrent ingénieusement de petites choses. Ceux qui ne trouvaient point de pensées neuves cherchèrent des expressions heureuses. Au défaut de vastes conceptions, il fallut soi-

gner de jolis détails. On mit de l'esprit dans
le style : les écrivains du second ordre en
firent leur principal ornement, et les grands
écrivains n'en dédaignèrent pas l'usage. Champ-
fort ne brille que par l'esprit qu'il montre dans
son style ; Montesquieu en laisse beaucoup
apercevoir dans le sien.

Mais ce mérite qui, bien éloigné d'être le
premier de tous, exige du moins beaucoup
d'art et d'étude ; il est assez extraordinaire de
le trouver au plus haut degré dans Montaigne,
placé à une époque presque barbare, et ma-
niant une langue dépourvue de grace et de
souplesse.

Comment cet écrivain si naturel et si né-
gligé connaît-il déja tout le jeu des paroles,
ces nuances fines et subtiles, ces rapproche-
mens délicats, ces oppositions piquantes, ces
artifices de l'art d'écrire, et, pour ainsi dire,
ces ruses de style, auxquelles on a recours
lorsque le siècle de l'invention est passé ? En
les employant sans cesse avec la délicatesse de
Fontenelle, ou la malice de Duclos, il ne
perd jamais la naïveté qui forme le trait le
plus marqué de son caractère et de son talent,
et, par un mélange difficile à concevoir, mais
très-réel, on trouve souvent en lui la simplicité de l'antique bonne-foi et la finesse de

l'esprit moderne. Pour expliquer ce problème
d'un auteur qui réunit dans sa manière d'é-
crire celle de plusieurs siècles, il suffit de se
souvenir qu'il avait devant les yeux les divers
âges de la littérature latine, et les étudiait in-
différemment : il a dû nous deviner plus d'une
fois, en imitant Pline le jeune. Des phrases
vives et coupées, des bons mots, des traits,
des épigrammes, convenaient d'ailleurs très-
bien dans un style décousu, qui, comme le
dit l'auteur lui-même, *ne va que par sauts
et par gambades*. Le désordre est souvent pé-
nible : il faut du moins qu'il ait quelque chose
d'amusant. Montaigne abuse beaucoup de son
lecteur. Ces chapitres qui parlent de tout,
excepté de ce que promettait le titre, ces di-
gressions qui s'embarrassent l'une dans l'autre,
ces longues parenthèses qui donnent le temps
d'oublier l'idée principale, ces exemples qui
viennent à la suite des raisonnemens et ne
s'y rapportent pas, ces idées qui n'ont d'autre
liaison que le voisinage des mots, enfin cette
manie continuelle de dérouter l'attention du
lecteur, pourrait fatiguer; et l'on serait quelquefois tenté de ne plus suivre un écrivain
qui ne veut jamais avoir de marche assurée :
un trait inattendu nous ramène, un mot plai-
-sant nous pique, nous réveille. Le sujet nous

a souvent échappé ; mais nous retrouvons toujours l'auteur, et c'est lui que nous aimons.

Je n'ignore pas que c'est un grand ridicule de vouloir attribuer tous les genres de mérite à l'homme dont on fait l'éloge ; et je ne m'arrêterais pas sur l'éloquence de Montaigne dont la réputation peut se passer d'un nouveau titre, si j'avais été moins frappé de quelques morceaux des *Essais,* où ce grand talent de l'éloquence semble se trahir, à l'insu de l'auteur, par l'audace et la vivacité des mouvemens.

Et pourquoi en effet la discussion d'une vérité morale intéressante pour l'humanité, le besoin de combattre une erreur honteuse, un préjugé funeste, ne pourrait-il échauffer l'ame de l'écrivain, l'agrandir, lui communiquer cette force persuasive qui commande aux esprits, et du philosophe éclairé faire un orateur éloquent ? Le zèle de la vertu ne serait-il pas aussi puissant que les passions ? C'est ainsi que Montaigne me paraît s'élever au-dessus de lui-même, lorsqu'il nous exhorte à fortifier notre ame contre la crainte de la mort. Son style devient noble, grave, austère : à l'imitation de Lucrèce, il fait paraître la Nature adressant la parole à l'homme ; mais le langage qu'il met dans sa bouche n'appartient qu'à lui. *Sortez,* dit-elle, *de ce monde, comme vous y* êtes entré ; le même passage que vous avez fait de la mort à la vie , sans passion et sans frayeur, refaites-le de la vie à la mort. Votre mort est une des pièces de l'ordre de l'univers, une pièce de la vie du monde. Cette élévation se soutient dans tous le discours de la Nature. Il s'y mêle quelques-unes de ces pensées profondes qui forcent l'ame à se replier sur elle-même. Si vous n'aviez la mort, vous me maudiriez sans cesse de vous en avoir privé.

Une pareille éloquence semble appartenir à cette philosophie austère qui ne ménage point l'homme, et le poursuit sans cesse avec l'image de la dure vérité. Ce ton ne peut être habituel chez Montaigne, il devait porter son caractère dans ses écrits, et ce caractère qu'il a pris tant de plaisir à nous dépeindre, se compose de faiblesse pour lui-même et d'indulgence pour les autres. Il nous excuse trop aisément pour nous reprocher avec amertume nos fautes et nos erreurs; et il s'aime trop lui-même pour s'irriter contre les siennes. Il s'aime trop lui-même ! je n'ai pas craint de faire cet aveu : on ne peut en abuser. L'ami de la Boétie ne sera jamais exposé à l'accusation d'égoïsme. Non; l'égoïsme, ce sentiment stérile , cette passion avilissante n'a jamais trouvé place là où régnait la pure amitié. Il n'est pas épuisé

par l'habitude de s'aimer seul, ce cœur qui
conserve une si grande force d'aimer, et l'é-
panche avec une intarissable abondance sur
l'ami qu'il s'est choisi. O la Boëtie ! que votre
nom toujours répété serve à la gloire de votre
ami ; que toujours on pense avec délices à
cette union de deux ames vertueuses qui,
s'étant une fois rencontrées, se mêlent, se con-
fondent pour toujours ! Mais la mort vient
briser des liens si forts et si doux : le plus à
plaindre des deux, celui qui survit, demeure
frappé d'une incurable blessure ; il ne fait plus
que *traîner languissant :* il n'a plus de goût
aux plaisirs. *Ils me redoublent,* dit-il, *le regret
de sa perte. Nous étions à moitié de tout, il
me semble que je lui dérobe sa part.* Deuil
sacré de l'amitié, sainte et inviolable fidélité,
qui n'a plus pour objet qu'un souvenir !
Quelle est l'ame détachée d'elle-même qui se
plaît à prolonger son affliction pour honorer
la mémoire de l'ami qu'elle a perdu ? c'est
celle de Montaigne ; c'est Montaigne qui se
fait une religion de sa douleur, et craint d'être
troublé dans ses regrets par un bonheur où
son ami ne peut plus être. On aime à rencon-
trer dans l'éloge d'un homme supérieur ces
marques d'un caractère sensible et tendre.
Elles nous donnent le droit de chérir celui

que nous admirons ; mais que dis-je ? ces deux
sentimens, l'admiration et l'amour, se con-
fondent tellement au nom de Montaigne, que
l'un disparaît presque dans l'autre. Son idée
ne réveille pas en nos ames ce respect mêlé
d'enthousiasme que nous inspirent les génies
illustres qui ont fait la gloire des lettres. La
distance nous paraît moins grande entre nous
et lui. Nous sentons qu'il y a dans ses principes, dans sa conduite, quelque chose qui
le rapproche de nous. Nous l'aimons comme
un ami plein de candeur et de simplicité que
nous serions tentés de croire notre égal, si la
supériorité de sa raison et la vivacité de son
esprit ne se décélaient à chaque instant par
des traits ingénieux et soudains, que toute sa
bonhommie ne peut cacher à nos yeux.

Sa vie nous offre peu d'événemens ; elle ne
fut point agitée : c'est le développement pai-
sible d'un caractère aussi noble que droit. Sa
jeunesse tout entière est consacrée au sentiment le plus respectable, la tendresse pour
son père. Malgré son éloignement pour les
honneurs et les emplois, élu par le suffrage
volontaire de ses concitoyens, il remplit deux
fois les fonctions de premier magistrat dans la
ville de Bordeaux. Il croit que son adminis-
tration n'était pas assez sévère : je le crois

aussi. Sans doute il était plus fait pour étudier les hommes que pour les gouverner. C'était l'objet où se portait naturellement son esprit. Il s'en occupa toujours dans le calme de la solitude et dans les loisirs de la vie privée. Les fureurs de la guerre civile troublèrent quelquefois son repos ; et sa modération, comme il arrive toujours, ne put lui servir de sauve-garde. Cependant ces orages même ne détruisirent pas son bonheur.

C'est ainsi qu'il coula ses jours dans le sein des occupations qu'il aimait, libre et tranquille, élevé par sa raison au-dessus de tous les chagrins qui ne venaient point du cœur, attendant la mort sans la craindre, et voulant qu'elle le trouvât *occupé à bêcher son jardin, et nonchalant d'elle.*

Les *Essais*, ce monument impérissable de la plus saine raison et du plus heureux génie, ne furent pour Montaigne qu'un amusement facile, un jeu de son esprit et de sa plume. Heureux l'écrivain qui, rassemblant ses idées comme au hazard, et s'entretenant avec lui-même sans songer à la postérité, se fait cependant écouter d'elle ! On lira toujours avec plaisir ce qu'il a produit sans effort. Toutes les inspirations de sa pensée, fixées à jamais par le style, passeront aux siècles à venir.

Quel fut son secret ? il s'est mis tout entier dans ses ouvrages. Il jouira donc mieux que personne de cette immortalité que donnent les lettres, puisqu'en lui seul l'homme ne sera jamais séparé de l'écrivain, et que son caractère ne sera pas moins immortel que son talent.

Montaigne, te croyais-tu destiné à tant de gloire; et n'en serais-tu pas étonné ? Tu ne parlais que de toi, tu ne voulais peindre que toi; cependant tu fus notre historien. Tu retraças, non les formes incertaines et passagères de la société, mais l'homme tel qu'il est toujours et par-tout. Tes peintures ne sont pas vieillies après trois siècles; et ces copies, si fidèles et si vives, toujours en présence de l'original qui n'a pas changé, conservant toute leur vérité, n'ont rien perdu de leur éclat, et paraissent même embellies par l'épreuve du temps. Ta naïve indulgence, ta franchise et ta bonhommie ont cessé depuis long-temps d'être en usage : elles ne cesseront jamais de plaire, et tout le raffinement d'un siècle civilisé ne servira qu'à les rendre plus curieuses et plus piquantes. Tes remarques sur le cœur humain pénètrent trop avant pour devenir jamais inutiles. Malgré tant de nouvelles recherches et de nouveaux écrits, elles seront tou-

jours aussi neuves que profondes. Pardonne-
moi d'avoir essayé l'analyse de ton génie, sans
autre titre que d'aimer tes ouvrages. Ah! la
jeunesse n'est pas faite pour apprécier digne-
ment les leçons de l'expérience, et n'a pas le
droit de parler du cœur humain qu'elle ne
connaît pas. J'ai senti cet obstacle : plus d'une
fois j'ai voulu briser ma plume, me défiant
de mes idées, et craignant de ne pas assez entendre les choses que je prétendais louer. La
supériorité de ta raison m'effrayait, ô Montaigne ! Je désespérais de pouvoir atteindre si
haut. Ta simplicité, ton aimable naturel m'ont
rendu la confiance et le courage : j'ai pensé
que toi-même, si tu pouvais supporter un
panégyrique, tu ne te plaindrais pas d'y trouver plus de bonne-foi que d'éloquence, plus
de candeur que de talent.

F I N.

DISCOURS prononcés par M. de LACRETELLE le jeune, et M. le Comte de Ségur, dans la séance tenue, le 7 novembre 1811, par la classe de la langue et de la littérature françaises de l'Institut Impérial, pour la réception de M. de Lacretelle le jeune, brochure in-4°. 1 fr. 50 c.

DISCOURS prononcés par M. ETIENNE et M. le Comte DE FONTANES, dans la même séance, pour la réception de M. Etienne, brochure in-4°. 1 fr. 50 c.

ELOGE DE MONTAIGNE. Discours qui a remporté le prix d'éloquence décerné par la même classe, dans sa séance du 23 mars 1812 : par M. VILLEMAIN, agrégé professeur de rhétorique au Lycée Charlemagne. Brochure in-4°. 1 fr. 50 c.
Et in-8°. 1 fr. 25 c.

—— Par M. Joseph DROZ, Discours pour lequel la même classe a décerné une médaille à l'auteur. Brochure in-4°. 1 fr. 50 c.
Et in-8°. 1 fr. 25 c.

ESSAIS DE MICHEL DE MONTAIGNE, édition stéréotype, 4 vol. in-12. Prix broché, 10 fr. — Le même in-8°, pap. fin, 18 fr. papier vélin. 32 fr. 50 c.

« L'exemplaire, un des plus précieux monuments de notre littérature, qui a
» servi de copie pour cette nouvelle édition des Essais, appartient à la biblio-
» thèque centrale de Bordeaux. Il est chargé en tout sens de corrections et
» d'additions toutes écrites de la main de Montaigne. Les notes jointes à
» cette édition, par-tout où elles ont paru nécessaires, font assez connaître
» l'importance de cette espèce de manuscrit. » (Extrait de l'avertissement).

DISCOURS qui a remporté le prix de l'académie de la Rochelle, en l'année 1811, sur ces questions proposées par la même académie : Quel est le genre d'éducation le plus propre à former un administrateur? A quel degré les lettres et les sciences lui sont-elles nécessaires? Quels secours l'administrateur et l'homme de lettres peuvent-ils et doivent-ils réciproquement se prêter? Par F. M. A. J. HINCANT. Paris, 1812, brochure in-4°. 2 fr. 50 c.

Poésies diverses de MILLEVOYE, 1 vol. in-18, grand raisin. Prix, broché.

Charlemagne, poëme en dix chants, par le même, 1 vol. in-18, grand raisin. Prix, broché.

Le DEMI-JOUR, poëme en deux chants, suivi de poésies diverses, un vol. in-8°. Prix, broché.

SALM. (mad. la comtesse de) Choix de poésies. Paris, 1811, 1 vol. in-8°. Prix, br. 4 fr. 50 c.

GUDIN. L'Astronomie, poëme en quatre chants, nouvelle édit. Paris, 1811, 1 vol. in-8°. Prix, br. 4 fr.

FIRMIN DIDOT. Les Bucoliques de Virgile, précédées de plusieurs Idylles de Théocrite, de Bion et de Moschus, suivies de tous les passages de Théocrite que Virgile a imités, traduites en vers français, 1 vol. in-12, br. 2 fr.
L'édition in-8° est épuisée.

Dec. Jun. JUVENALIS Satiræ, ad codices parisinos recensitæ, lectionum varietate, et commentario perpetuo illustratæ à N. L. ACHAINTRE. Accedunt *Hadr. et C. Valesiorum* notæ adhuc ineditæ, 2 vol. in-8°, 1810, avec une fig., br. 18 fr.
Le même, 2 vol. in-8°, gr. raisin vélin. 36 fr.

A. PERSII FLACCI Satiræ ad codices parisinos recensitæ, lectionum varietate, et commentario perpetuo illustratæ à N. L. ACHAINTRE. Accedunt C. LUCILII SUESSANI AURUNCANI *Eq. Rom.* Satirarum fragmenta, nec non SULPICIAE CALENI uxoris satira. 1 vol. in 8°, broché. 8 fr.
Le même, in-8°, gr. raisin vélin 16 fr.

Ces deux ouvrages avec l'Horace donné, en 1806, par le même éditeur, et qui se trouve aussi chez Firmin Didot, forment la collection complete des satyriques latins, avec les notes variorum.

Prix de l'Horace, in-8°, carré fin, avec 1 fig. 7 fr. 50 c.
Grand raisin. 12 fr.
Grand raisin vélin. 24 fr.

JULLIEN. Essai sur l'Emploi du Temps, seconde édition, 1810, 1 vol. in-8°, br. 5 fr.
Le même. Essai général d'Education physique, morale et intellectuelle, 1 vol. in-4°, br. 13 fr. 50 c.

HELVÉTIUS. OEuvres complètes, 14 vol. in-18, br. 28 fr.
Les mêmes, 14 vol. pap. vélin. 48 fr.
Très-jolie édition, imprimée par Didot aîné.

THUROT. Apologie de Socrate, d'après Platon et Xénophon, avec des remarques sur le texte grec, et la traduction, in-8°, br. 4 fr.
Le même ouvrage ne contenant que le grec et le petit vocabulaire, à l'usage des lycées, in-8°, br. 1 fr. 25 c.

www.ingramcontent.com/pod-product-compliance
Lightning Source LLC
Chambersburg PA
CBHW060740280326
41934CB00010B/2301